Vorwort

Edle und stilvolle Rezepte für Feierlichkeiten oder
besondere Tage, mit dem Thermomix TM5 oder einen
anderen Thermomix Gerät schnell zubereitet.
Lassen Sie sich begeistern von Vielfalt und Frische.
Es handelt sich hierbei sowohl um Rezepte für Getränke,
als auch um Rezepte für Speisen oder Backwaren.

Ich wünsche Ihnen viel Spaß mit meinem Buch.

Inhaltsverzeichnis

Kokos Kuchen
Zitronen Cake Pops
Heidelbeere Vanille Kuchen im Glas
Heidelbeere Macarons
Eierlikör Schoko Muffins

Nachtrag zum Impressum / Copyright

Geeiste Smoothie Bowle

Zutaten
1/2 Flasche Multivitamin Saft
10 Granatapfelkerne
1 Becher Joghurt
300 g gemischte Früchte, gefroren
Saft einer Bio Zitrone
½ Flasche Bitter Lemon
1/2 Flasche Sekt
50 g Wodka

Zubereitung
Alle Zutaten in den Mixtopf geben. Auf Stufe 10/ 50
Sekunden zerkleinern. In einen Bowle Topf füllen und
genießen.

Melonentraum

Zutaten
180 g Zucker
500 g Melone
20 Eiswürfel
100 g Zitronensaft
700 g Mineralwasser
200 g Wodka
10 Minzeblätter
1 Pck. Vanille Zucker

Zubereitung
Alle Zutaten in den Mixtopf geben. Auf Stufe 5/ 45
Sekunden zerkleinern. In einen Bowle Topf füllen und
genießen.

Pina Colada Bowle

Zutaten
1 Dose Ananas, 850 ml
1 Flasche Orangensaft
100 g Batida de Coco
400 g Bananensaft
150 g weißer Rum

Zubereitung
Alle Zutaten in den Mixtopf geben. Auf Stufe 5/ 45
Sekunden zerkleinern. In einen Bowle Topf füllen und
genießen

Heidelbeere Orangen Bananen Mohn Smoothie

Zutaten
Fleisch einer Orange
100 g Heidelbeeren
2 Bananen
20 g Mohn
1 Pck. Vanille Zucker
1 Prise Zimt
2 EL Zitronensaft
350 g Mineralwasser

Zubereitung
Alle Zutaten außer den Mohn nacheinander in den Mixtopf geben. Auf Stufe 5 / 1 Minute mischen. Nun Mohn hinzu geben und nochmals 20 Sekunden auf Stufe 3 mischen. In saubere Gläser füllen und genießen.

Zitronen Minze Smoothie

Zutaten
Saft von zwei Zitronen
10 Pfefferminzblätter
500 g Joghurt
50 g Sahne
50 g Zucker
50 g Honig

Zubereitung
Alle Zutaten nacheinander in den Mixtopf geben. Auf Stufe 5 / 1 Minute mischen. In saubere Gläser füllen und genießen.

Erdbeer Bananen Smoothie

Zutaten
200 g Erdbeeren
2 Bananen
300 g Buttermilch
50 g Haferflocken
100 g Mineralwasser
Saft einer Zitrone
50 g Zucker
10 Eiswürfel

Zubereitung
Alle Zutaten nacheinander in den Mixtopf geben. Auf
Stufe 5 / 1 Minute mischen. In saubere Gläser füllen und
genießen.

Orangen Ingwer Smoothie

Zutaten
Fruchtfleisch von 2 Orangen
500 ml Orangesaft
Saft einer Zitrone
10 Eiswürfel
1 Prise Ingwer

Zubereitung
Alle Zutaten nacheinander in den Mixtopf geben. Auf
Stufe 5 / 1 Minute mischen. Eventuelle Reste nach unten
schieben und nochmals 30 Sekunden / Stufe 3.
In saubere Gläser füllen und genießen.

Himbeere Quark Verführung

Zutaten
500 g Quark, gefroren
300 g Himbeeren, gefroren
300 g Milch
120 g Zucker

Zutaten
500 g Mango, gefroren
300 g Orangensaft
1 Eiweiß
120 g Zucker

Zubereitung
Alle Zutaten in den Mixtopf geben. Auf Stufe 10 / 1
Minute zerkleinern. Mit dem Spatel nochmals alles nach
unten schieben und weitere 30 Sekunden / Stufe 10.
Das Eis kann sofort serviert werden.

Bananen Softeis

Zutaten
300 g Bananen, gefroren
160 g Zucker
3 Eiweiße

Zubereitung
Die Bananen in den Mixtopf geben und 30 Sekunden /
Stufe 10. Den Schmetterling einsetzen und die übrigen
Zutaten einwiegen. 4 Minuten auf Stufe 4. Guten Appetit!

Malaga Eis

Zutaten
400 g Sahne, gefroren
200 g Rumrosinen
2 EL Rum
160 g Zucker
150 g Milch

Zubereitung
Alle Zutaten außer Rumrosinen in den Mixtopf geben.
Auf Stufe 10 / 1 Minute zerkleinern. Mit dem Spatel
nochmals alles nach unten schieben und weitere 30
Sekunden / Stufe 10. Nun die Rumrosinen hinzugeben
und 5 Sekunden / Stufe 5.
Das Eis kann sofort serviert werden.

Rotwein Pudding

Zutaten
200 g Milch
200 g Sahne
100 g Rotwein
Mark einer Vanille Schote
40 g Speisestärke
30 g Butter
80 g Zucker

Zubereitung
Alle Zutaten in den Mixtopf geben. Auf Stufe 10 / 5
Sekunden mischen. Auf Stufe 2 / 100 Grad / 8 Minuten
kochen. Umfüllen und erkalten lassen. Mit Obst oder
Müsli dekorieren. Guten Appetit!

Mango Curry Sauce

Zutaten
½ Mango, in Stücken
1 Glas Mayonnaise
2 TL Curry
50 g Zucker
½ TL Salz
1 Prise Chili

Zubereitung
Alle Zutaten in den Mixtopf geben. Auf Stufe 10 / 30 Sekunden mischen. Auf Stufe 1/ 100 Grad/ 15 Minuten kochen. Umfüllen und kühl lagern.

Grüne Paprika Sauce

Zutaten
Schoten von 3 grünen Paprikas
200 g Weißweinessig
1 TL Salz
2 EL Zucker
2 Knoblauchzehen zerdrückt

Zubereitung
Alle Zutaten in den Mixtopf geben. Auf Stufe 5 / 20 Sekunden mischen. Auf Stufe 2/ 100 Grad/ 15 Minuten kochen. In saubere Gläser füllen und im Kühlschrank aufbewahren.

Paprika Chili Sauce

Zutaten
1 rote Paprika, entkernt
1 Knoblauchzehe
1 Tube Tomatenmarkt
1 gute Prise Chili
250 g Wasser
½ TL Salz
1 EL Zucker
1 EL Essig

Zubereitung
Alle Zutaten in den Mixtopf geben. Auf Stufe 10 / 30 Sekunden mischen. Auf Stufe 1/ 100 Grad/ 15 Minuten kochen. Umfüllen und kühl lagern.

Walnuss Tomaten Pesto

Zutaten
100 g Parmesan, in Stücken
3 gepresste Knoblauchzehen
1 Bund Petersilie
125 g getrocknete Tomaten
1 Prise Pfeffer
1 TL Salz
100 g Walnusskerne
30 g Pinienkerne
10 Stück Oliven
150 g Olivenöl
1 Prise Muskat

Zubereitung
Den Käse in den Mixtopf geben und auf Stufe 10/ 15
Sekunden zerkleinern. Nun die übrigen Zutaten
hinzufügen und nochmals 20 Sekunden/ Stufe 5. Im
Kühlschrank aufbewahren.

Steinpilzbutter

Zutaten
50 g Steinpilze, getrocknet
150g Wasser
1 TL Gemüsebrühe
1 TL Salz
1 TL Petersilie getrocknet
1 zerdrückte Knoblauchzehe
250 g Butter

Zubereitung
Die Pilze in das Wasser eine Stunde lang einweichen.
Alles in den Mixtopf geben (mitsamt dem Wasser). Auf
Stufe 1/ 100 Grad/ 12 Minuten erhitzen. Alles abkühlen
lassen. Alle Zutaten in den Mixtopf geben und 1 Minute
auf Stufe 5 pürieren. Umfüllen und im Kühlschrank
aufbewahren.

Zwiebelkuchen

Zutaten
Teig
150 g Butter
100 g Wasser
1 TL Salz
300 g Mehl

Belag
500 g Zwiebeln in Scheiben
40 g Öl
250 g Speckwürfel
3 Eier
1 Becher Saure Sahne
500 g Milch
3 EL Mehl
Salz, Pfeffer, Muskat

Zubereitung
Die Teigzutaten in den Mixtopf geben und auf Teigstufe 2 Minuten kneten. Eine Kuchen oder Quiche Form ausfetten und den Teig hineindrücken. An den Rändern den Teig etwas hochziehen.
10 g Öl in den Mixtopf geben und den Speck hinzufügen. 2 Minuten / Varoma/ 120 Grad/ Stufe 1.
Nun das restliche Öl und die Zwiebeln hinzugeben. Bei 120 Grad/ Varomastufe/ Stufe 1/ 5 Minuten brutzeln.
Nun die übrigen Zutaten in den Mixtopf geben und auf Stufe 5/ 15 Sekunden mischen. Auf den Teig geben und ca. 50 Minuten bei 180 Grad backen.

Zucchini Feta Muffins

Zutaten
30 g Öl
1 Zucchini
100 g Feta in Stücken
180 g Mehl
2 TL Backpulver
1 Ei
150 ml Milch
1 Prise Muskat
1/2 TL Rosmarin
1 zerdrückte Knoblauchzehe
Salz, Pfeffer

Zubereitung
Alle Zutaten in den Mixtopf einwiegen und auf Stufe 5/ 1
Minute mixen. Ein Muffinblech mit Muffin Förmchen
auskleiden und die Mulden zu zwei Dritteln mit dem
Teig füllen. Bei 180 Grad 20 bis 25 Minuten backen.

Gulaschsuppe

Zubereitung
2 Zwiebeln in Ringen
40 g Erdnussöl
400 g Rindergulasch gewürfelt
750 g Brühe
200 g Rotwein, trocken
Salz, Pfeffer, Paprika Rosenscharf nach Geschmack
1 TL Kümmel
1 zerdrückte Knoblauchzehe
250 g Tomaten aus der Dose in Stücken
1 Schote gelber Paprika
300 g Kartoffeln in Würfeln

Zubereitung
Das Öl in den Mixtopf geben und 30 Sekunden/ Stufe 1/ 120 Grad erwärmen. Nun die Zwiebeln hinzufügen und 3 Minuten/ 120 Grad/ Stufe 1. Jetzt das Gulasch hinzugeben und 5 Minuten/ 120 Grad/ Stufe 1. Die übrigen Zutaten in den Topf einwiegen und 70 Minuten/ 100 Grad/ Stufe 1. Guten Appetit.

Kokos Rote Linsensuppe

Zutaten
180 g rote Linsen
1 Bund Suppengrün
1 Zwiebel
1 kleines Stück Ingwer
2 Knoblauchzehen, gepresst
800 g gelöste Gemüsebrühe
1 Dose Kokosmilch
1 TL Kürbiskernöl
1 TL Curry Madras
Saft eine Zitrone
½ Chili Schote, mild
Salz
Pfeffer

Zubereitung

Knoblauch, Zwiebel und Ingwer (geschält) in den Mixtopf geben und auf Stufe 4/ 3 Sekunden zerkleinern. Nun das Öl hinzufügen und 2 Minuten auf Stufe 1/ 100 Grad andünsten. Nun die übrigen Zutaten hinzugeben und auf Rührstufe/ 25 Minuten/ 100 Grad. Danach alles auf Stufe 5/ 1 Minute pürieren und nochmals mit Salz und Pfeffer abschmecken. Guten Appetit!

Blumenkohl Prosecco Suppe

Zutaten
400 g Blumenkohl in
Röschen
1 Zwiebel
1 Knoblauchzehe
30 g Kürbiskernöl
Salz
Pfeffer
400 g Prosecco
1/4 Liter Apfelsaft
1/2 Liter Gemüsebrühe
200 g Crème fraîche
Muskatnuss
Cayennepfeffer
40 g Butter
2 Esslöffel Honig

Zubreitung
Die Knoblauchzehe und die Zwiebel in den Mixtopf
geben. Auf Stufe 4/ 3 Sekunden zerkleinern. Das Öl
hinzugeben und 1 Minute auf Rührstufe/ 100 Grad
andünsten. Nun die übrigen Zutaten einwiegen. Die
Suppe bei 100 Grad/ 25 Minuten/ Rührstufe kochen. Nun
auf Stufe 5/ 1 Minute fein pürieren. Guten Appetit.

Käse Plätzchen

Zutaten
150 g Butter
1 Ei
1/2 TL Salz
250 g Parmesan
250 g Mehl
50 g Mandeln, gemahlen
1 Prise Muskat
½ TL Kräuter der Provence

Zubereitung
Alle Zutaten in den Mixtopf geben. Auf Teigstufe 2
Minuten kneten. Den Teig auf eine bemehlte
Arbeitsfläche geben und ausrollen. Plätzchen ausstechen.
Ein Backblech mit Backpapier auskleiden und die
Plätzchen darauf verteilen. Bei 180 Grad Ober und
Unterhitze ca. 18 Minuten backen,

Kokos Kuchen

Zutaten
Teig
250 g Sahne
180 g Zucker
250 g Mehl
1 Backpulver
Saft einer Zitrone
4 Eier
1 Prise Salz
1 Vanillezucker

Belag
150 g weiche Butter
180 g Zucker
1 Vanillezucker
100 g Kokosraspel

Zubereitung
Alle Zutaten in den Mixtopf geben und 2 Minuten auf
Teigstufe glatt rühren. Den Teig auf ein mit Backpapier
ausgelegtes Bleck schütten und ca. 15 Minuten auf Ober-
und Unterhitze bei 180 Grad backen.
Nun die Zutaten für den Belag in den ausgespülten
Mixtopf geben. Auf Stufe 3 / 45 Sekunden verrühren.
Auf den Kuchen geben und nochmals 10 Minuten backen.

Zitronen Cake-Pops

Zutaten

Kuchenteig
250 g Butter
180 g Zucker
1 Päckchen Vanillezucker
4 Eier
250 g Mehl
2 gestrichene TL Backpulver
abgerieben Schale von 2 unbehandelten Zitronen
2 EL Zitronensaft

Frosting
50 g Frischkäse
20 g weiche Butter
150 g Zucker 20 Sekunden
auf Stufe 10 zu Puderzucker mahlen
1 EL Zitronensaft
Lebensmittelfarbe nach Belieben
Holzspieße

Dekor
Kuvertüre nach Wahl
Streuzucker oder Zuckerdekor
Smarties oder Bonbons
nach Belieben

Zubereitung

Den Backofen auf 180 Grad Ober- und Unterhitze vorheizen. Eine Backform mit etwas Butter einfetten. Es werden zuerst die Zutaten für den Kuchenteig benötigt. Eier, Butter und Zucker in den Mixtopf geben. Auf Stufe 5/ 30 Sekunden schaumig rühren. Nun die übrigen Zutaten in den Mixtopf geben und auf Stufe 10 / 1 Minute luftig schlagen. Den Teig in die Kuchenform geben und ca. 45 Minuten backen.

Lassen Sie den Kuchen nun erkalten. Jetzt die harten Ränder abschneiden und den Kuchen in einer Schüssel fein zerkrümeln. In den ausgespülten Mixtopf alle Zutaten für das Frosting geben und auf Stufe 2/ 1 Minute schlagen. Den zerkrümelten Teig kneten. Etwa eine walnussgroße Menge Teig nehmen und flach drücken (etwas in der Form, als wenn man Plätzchen mit einer runden Form aussticht). In der Mitte des Teiges einen guten Esslöffel des Frostings geben und alles zu einer Kugel rollen. Die Kugeln für eine Stunde im Kühlschrank stellen. In der Zwischenzeit im Wasserbad die Kuvertüre schmelzen und die Dekor Artikel bereitstellen. Die Kugeln aus dem Kühlschrank nehmen und in jede Kugel ein Holzspieß stecken. Dann jede Kugel in die Kuvertüre tauchen. Die Schokolade kurz etwas fester werden lassen und dann in das gewünschte Dekor tauchen. Vor dem Verzehr noch mindestens eine Stunde im Kühlschrank aushärten lassen.

Heidelbeere Vanille Kuchen im Glas

Zutaten
5 Eier
200 g Zucker
2 Pck. Vanillezucker
250 g Öl
250 g Sahne
250 g Mehl
100 g Heidelbeeren
1 Pck. Backpulver

12 Gläser für jeweils 240 ml Inhalt
etwas Butter und Semmelbrösel für die
Gläser

Zubereitung
Alle Zutaten in den Mixtopf geben. Auf Stufe 5/ 1
Minute rühren. Den Teig nach unten schieben und
nochmals 30 Sekunden auf Stufe 5 rühren. Die Gläser
mit Butter gut einfetten und mit Semmelbrösel einstreuen.
Nun die Gläser zur Hälfte mit Teig befüllen und auf das
Backblech stellen. Bei 180 Grad Ober und Unterhitze ca.
30 Minuten backen. Danach die Gläser sofort
verschließen.

Heidelbeere Macarons

Zutaten
Macaronschalenteig
125 g gemahlene weiße Mandeln
150 g Puderzucker
100 g Zucker, fein
4 Eiweiße

Füllung
250 g Butter
40 g Heidelbeermarmelade
140 g Puderzucker
160 g Mandeln

Zubereitung

Wir beginnen mit den Macaronschalen.
Mandeln und Puderzucker in den Mixtopf geben und
nochmals auf Stufe 10/ 15 Sekunden mahlen. In eine
Schüssel umfüllen.
Den Topf reinigen. Den Schmetterling einsetzen und das
Eiweiß einfüllen. Auf Stufe 4/ ca. 2 Minuten steif
schlagen. Den Schmetterling entfernen. Nun die übrigen
Teigzutaten hinzugeben. Wer mag, kann noch ein paar
Tropfen Lebensmittelfarbe hinzugeben. Auf Stufe 2/ 15
Sekunden rühren. Die Masse in einem Spritzbeutel
umfüllen. Ein Backblech mit Backpapier belegen. Die
Masse portionsweise mit dem Spritzbeutel auf das Blech
setzen. Die Masse bei 150 Grad Umluft ca. 15 Minuten
backen. Die Schalen abkühlen lassen.

Füllung

Alle Zutaten für die Füllung in den sauberen Mixtopf
geben. Auf Stufe 5/ 30 Sekunden schlagen. Man braucht
eine Macaronschale als Oberteil und eine als Unterteil.
Die Schalen mit der Masse füllen und kaltstellen.

Eierlikör Schoko Muffins

Zutaten
150 g Zartbitter Schokolade, gehackt
250 g Butter
180 g Zucker
1 Pck. Vanillinzucker
4 Eier
250 g Mehl
1 Pck. Backpulver
150g Eierlikör
60 g Sahne

Zubereitung
Alle Zutaten in den Mixtopf geben und auf Stufe 5/ 1
Minute zu einem sämigen Teig vermischen. Ein
Muffinblech mit Muffinförmchen auskleiden und jeweils
zur Hälfte mit dem Teig füllen. Im vorgeheizten Ofen bei
180 Grad Ober und Unterhitze ca. 18 bis 20 Minuten
backen.

Nachtrag zum Impressum / Copyright

Shutterstock.com
- Ruth Black
- Nitr
- Gerber
- Yana
- Handmade Pictures
- Christian Jung
- Murray
- Pustinykova
- Green Art Photographie
- Dream79
- Good Mood Photo
- Dar1930
- P. studio66

Herstellung und Verlag:
BoD - Books on Demand, Norderstedt
ISBN 978-3-7347-9845-0